Inhalt

Lieferantenparks - Produzieren in Sichtweite des OEM

Kernthesen

Beitrag

Fallbeispiele

Weiterführende Literatur

Impressum

Lieferantenparks - Produzieren in Sichtweite des OEM

I.Zeilhofer-Ficker

Kernthesen

- Für die Automobilindustrie haben sich in den vergangenen zehn Jahren Lieferantenparks entwickelt, die die kostengünstige und bedarfsgerechte Belieferung der Montagewerke mit wichtigen Bauelementen sichern.
- Durch Lieferantenparks können nicht nur Autobauer Kosten sparen, auch die angesiedelten Zulieferfirmen und Logistikdienstleister profitieren von der unmittelbaren Nähe zum Produktionswerk.
- Längst sind noch nicht alle

Synergiepotenziale der Lieferantenparks genutzt vor allem in der Inbound-Logistik sowie in der parkinternen Logistik liegen noch erhebliche Einsparmöglichkeiten.
- Erst langsam entwickelt sich das Interesse an Zulieferparks in anderen Branchen und Industrien, obwohl auch hier ein vergleichbarer Nutzen zu erzielen wäre.

Beitrag

Kein modernes Automobilwerk kann heutzutage auf die unmittelbare Nachbarschaft seiner wichtigsten Lieferanten verzichten. Doch auch die Zulieferer profitieren von der Nähe zum Kunden sowie von der gemeinsamen Nutzung von Gebäuden, Infrastruktur und Dienstleistungen.

+Was bringen Lieferantenparks ...

...den Autobauern

Heutzutage laufen kaum noch zwei Autos vom Band, die sich nicht in vielen Details unterscheiden würden. Die Sitze sind mit Stoff oder Leder in verschiedenen Farben bespannt, aus einer Vielzahl von Motor-

Varianten wird gewählt, Klimaanlage, Navigationssystem oder Radio nach Kundenwunsch eingebaut und schließlich kann die Karosserie selbst von knallgelb bis tiefschwarz lackiert sein. Die Individualisierung der Fahrzeuge hat bei den Autobauern zu einer Variantenvielfalt geführt, die über ausgeklügelte Produktions- und Logistikprozesse gemanagt werden muss. Zudem verursacht die im Automobilbau übliche geringe Wertschöpfungstiefe ein ständig steigendes Beschaffungsvolumen. Damit die sensible Produktionsplanung nicht durcheinander gerät, müssen die wichtigsten Zulieferteile just-in-time beziehungsweise just-in-sequence zur Verfügung stehen. (1), (2), (3), (www.ipa.fraunhofer.de)

Die punktgenaue Anlieferung von großen Modulen oder Bauteilen von weit entfernten Zulieferwerken ist allerdings eine kostspielige Angelegenheit. Aus dieser Problematik heraus entwickelte sich Anfang der 90er Jahre die Idee der Lieferantenparks. In diesen Parks, die sich teilweise auf dem Firmengelände des Autobauers selbst, teilweise Zaun an Zaun oder aber höchstens wenige Kilometer vom Produktionswerk des Automobilunternehmens entfernt befinden, fertigen die wichtigsten Lieferanten (Tier 1) Cockpits, Kabelsätze, Autositze, Achsen und vieles mehr und sorgen für die pünktliche Anlieferung am Montageband. Neben dem hohen Grad der Versorgungssicherheit profitieren die Autobauer von erheblich niedrigeren Logistikkosten sowie der wesentlich höheren Flexibilität der Zulieferer, die auch auf kurzfristige Produktionsänderungen reagieren können. (1), (2), (4), (5), (6)

Diese Vorteil sind der Grund dafür, dass die Autobauer möglichst viele Teile in Lieferantenparks fertigen lassen möchten und eine Ausdehnung auf Tier-2-Lieferanten ausdrücklich begrüßen. (10), (11)

...den Zulieferfirmen

Nur für wenige Zulieferer ist ein eigenes Produktionswerk jeweils in der Nähe der Hauptkunden wirtschaftlich sinnvoll. Mit der Stationierung von Produktions- oder Montageeinheiten in Lieferantenparks ist die Situation aber eine ganz andere. Der Parkbetreiber oft ein Logistikdienstleister oder die öffentliche Hand stellt die Gebäude und die Infrastruktur zur Verfügung. Im optimalen Fall kann ein zentrales Warenlager, die Transportinfrastruktur sowie eine Kommunikationsplattform, über die alle relevanten Produktions- und Bedarfsdaten des Automobilwerks zugänglich sind, genutzt werden. Neben Kosteneinsparungen für Behälter und Transport sind Synergieeffekte durch die gemeinsame Nutzung von

Logistikdienstleistungen, Personal und Parkservices (IT-Technik, Kantine, Wachdienste usw.) realisierbar. Allerdings sind bei den bestehenden Parks noch lange nicht alle Potenziale gehoben. Vor allem in der Inbound-Logistik sowie in der gemeinsamen Nutzung von logistischen Dienstleistungen sind noch viele Möglichkeiten offen. (5), (6), (7), (8), (9)

Neben den Kostenvorteilen berichten die in Lieferantenparks ansässigen Zulieferfirmen häufig auch von Wettbewerbsvorteilen, die sich aus der Nähe zum Kunden ergeben. Die Qualität der Kommunikation ist wesentlich verbessert und zusätzliche Kundenaufträge konnten gewonnen werden. (5)

...den Logistikern und Betreibern

Auch für Logistikdienstleister bieten Lieferantenparks die Chance auf zusätzliche Aufträge, sei es für (Inbound-) Transportleistungen, Parkservices oder Montagearbeiten. Schließlich sind Lieferantenparks ein wichtiger Baustein für die Zukunftssicherung von Produktionsstandorten, weil sie hiermit Kostenvorteile schaffen können, um die höheren deutschen Lohnkosten zu neutralisieren. Die Sicherung der Arbeitsplätze dürfte vor allem für öffentliche Betreiber von Industrieparks ein wichtiges Argument sein. (4), (5), (7), (www.ipa.fraunhofer.de)

... und was spricht dagegen

Nähe fördert die Kommunikation, leider manchmal auch unerwünschte. In Lieferantenparks können sich daher Probleme mit der Geheimhaltung ergeben, wenn nicht jegliche Weitergabe von vertraulichen Informationen sofort unterbunden und strengstens sanktioniert wird. Der Austausch von Informationen kann außerdem zur Einforderung von höheren Lohn- und Sozialleistungen oder zu Abwerbungen führen. (7)

Kritische Stimmen bemerken außerdem, Lieferentenparks seien nicht flexibel genug. Die freie Wahl des Montagewerks über Modellreihen hinweg würde durch Lieferantenparks behindert. Die Einbindung von günstigeren Lieferanten aus beispielsweise Osteuropa oder Fernost würde dadurch nicht oft genug praktiziert. Inwieweit man dieser Argumentation folgen will, sollte allerdings kritisch abgewägt werden. Denn meist muss man sich günstigere Teile mit zusätzlichen Lagerbeständen und geringerer Flexibilität erkaufen. (12), (13)

Fallbeispiele

In Zusammenarbeit mit der Zeitschrift Wirtschaftswoche hat das Fraunhofer IPA im November 2005 eine umfassende Studie über Lieferantenparks in der europäischen Automobilindustrie herausgegeben. In dieser Studie wurden alle 40 realisierten Projekte untersucht und analysiert. Erfahrungswerte sind hier ebenso dokumentiert wie Nutzenpotenziale, Stärken und Schwächen, Chancen und Risiken. Die ausführliche Studie ist über das Fraunhofer IPA zu beziehen. (11), (14), (www.ipa.fraunhofer.de)

Direkt auf dem Werksgelände des Mercedes-Werks Rastatt befindet sich der zugehörige Industriepark. Von dort werden über 50 Prozent aller Teile direkt an die Montagebänder geliefert. Seit 1998 konnte Mercedes Rastatt dadurch die Logistikkosten um 41 Prozent verringern. (1)

Die Passat-Fertigung in Emden wird direkt vom Frisia Industriepark just-in-time bzw. just-in-sequence beliefert. Der Industriepark entstand in enger Kooperation zwischen Volkswagen und der Stadt

Emden im Jahr 2005 und liegt Zaun-an-Zaun zum Fahrzeugwerk. (2)

Bei BMW Leipzig befindet sich das Versorgungszentrum direkt auf dem Werksgelände. Das Zentrum wurde von BMW auf eigene Kosten errichtet und selbst betrieben. Die gesamte Inbound-Logistik ist ausgelagert. Das Versorgungszentrum ist so konzipiert, dass es jederzeit erweitert oder umgerüstet werden kann. (3)

Für die Firma Tenneco, die für Volkswagen Federbeine liefert, ist der Lieferantenpark die einzige wirtschaftlich sinnvolle Möglichkeit, in Sichtweite des Kunden zu produzieren. Nur sechs Mitarbeiter stellen für VW rund 1400 Federbeine pro Tag her. Zwischen der Materialanforderung durch VW und dem Einbau in ein Fahrzeug vergeht oft nur eine Stunde.

Weiterführende Literatur

(1) Acht Partner vor Ort
aus Automobil Produktion, Heft 2/2006, S. 70

(2) Aus Ostfriesland in die Welt
aus Automobil Produktion, Heft Sonderausgabe "VW-Passat" 9/2005, S. 22-26

(3) Klassische Lager spielen nur noch eine geringe

Rolle
aus Logistik inside, Heft 06/2005, S. 34-35

(4) Leuchtendes Vorbild. Zukunftsbranche Logistik. Die deutsche Jobmaschine
aus WW NR. 040 VOM 29.09.2005 SEITE 055

(5) Auf gute Nachbarschaft
aus LOGISTIK HEUTE, Heft 3/2006, S. 42-43

(6) Standards gesetzt
aus Automobil Industrie Nr. 10 vom 06.10.2005 Seite 046

(7) Automobilbauer schöpfen Kraft aus Lieferantenparks
aus VDI NR. 10 VOM 10.03.2006 SEITE 25

(8) Barthel, Holger, Perspektive im Park, DVZ Deutsche VerkehrsZeitung, Nr. BLO, 19.10.2005
aus VDI NR. 10 VOM 10.03.2006 SEITE 25

(9) Exklusiv-Interview mit Prof. Dr. Wilfried Sihn, TU Wien/IPA Fraunhofer - "Da wird oft blind verlagert"
aus Automobil Produktion, Heft 12/2005, S. 22-24

(10) Exklusiv-Interview mit Hans-Heinrich Weingarten, Geschäftsfeldvorstand Produktion der Mercedes Car Group - Top-Qualität vom ersten Fahrzeug an
aus Automobil Produktion, Heft Sonderausgabe "Mercedes-Benz S-Klasse" 12/2005, S. 8-11

(11) Wegweiser Lieferantenparks
aus Automobil Produktion, Heft 12/2005, S. 42-43

(12) Kohagen, Jens, Sequenzgenau aus weiter Ferne,
DVZ Deutsche VerkehrsZeitung Nr. 22 vom 21.02.2006
aus Automobil Produktion, Heft 12/2005, S. 42-43

(13) Erfolgreich fertigen in harten Zeiten
aus Automobil Produktion, Heft 5/2005, S. 72-74

(14) Europäische Automotive-Lieferantenparks
aus LOGISTIK HEUTE, Heft 12/2005, S. 62

Impressum

Lieferantenparks - Produzieren in Sichtweite des OEM

Bibliografische Information der deutschen Nationalbibliothek

Die Deutsche Nationalbibliothek verzeichnet diese Publikation in der deutschen Nationalbibliografie; detaillierte bibliografische Daten sind im Internet über http://dnb.d-nb.de abrufbar.

ISBN: 978-3-7379-1057-6

© 2015 GBI-Genios Deutsche Wirtschaftsdatenbank GmbH, Freischützstraße 96, 81927 München, www.genios.de

Alle Rechte vorbehalten. Dieses Werk ist einschließlich aller seiner Teile – z.B. Texte, Tabellen und Grafiken - urheberrechtlich geschützt. Jede Verwertung außerhalb der Grenzen des Urheberrechtsgesetzes bedarf der vorherigen Zustimmung des Verlags. Dies gilt insbesondere auch für auszugsweise Nachdrucke, fotomechanische Vervielfältigungen (Fotokopie/Mikroskopie), Übersetzungen, Auswertungen durch Datenbanken oder ähnliche Einrichtungen und die Einspeicherung und Verarbeitung in elektronischen Systemen.